AF331638

ASSOCIATION NATIONALE

AGRICOLE-INDUSTRIELLE

EN FAVEUR

DES ENFANTS-TROUVÉS, ORPHELINS OU INDIGENTS

ET DES OUVRIERS

CRÉÉE

Pour l'extinction de la mendicité en France.

STATUTS

PASSÉS DEVANT Mᵉ POTIER, NOTAIRE A PARIS

LE 1ᵉʳ JUILLET 1848.

TITRE PREMIER.

Formation, — Objet, — Durée, — Siége et Raison de la Société.

ART. 1ᵉʳ.

Il est formé par ces présentes une Société en nom collectif à l'égard de M. l'Abbé RAYMOND, seul Gérant responsable, d'une part; et en commandite à l'égard des personnes qui adhéreront aux présents Statuts par la prise des Actions ci-après créées : son objet spécial est d'éteindre la Mendicité dans toute l'étendue du territoire français par l'organisation d'institutions et de colonies agricoles-industrielles.

ART. 2.

Pour atteindre son but, la Société fera des acquisitions de propriétés, baux ou affermements, améliorations agricoles de tout

1848

nature et établissements industriels ; elle se chargera même, pour le compte d'autrui, de la mise en culture de toutes sortes d'exploitations ou réparations agricoles, et fera généralement tout ce qui pourra le plus puissamment contribuer au succès de l'objet indiqué.

ART. 3.

M. l'Abbé Raymond est seul Directeur-Gérant responsable, les autres Actionnaires ne seront que de simples bailleurs de fonds commanditaires, qui ne pourront jamais être tenus au-delà de leurs Actions.

ART. 4.

La durée de la Société est fixée à 90 années, à partir du jour de sa constitution définitive, sauf ce qui sera dit en l'art. 46 ci-après.

Cette constitution sera définitive aussitôt que les fonds versés par les Actionnaires auront atteint le chiffre de 500,000 fr. — Déclaration en sera faite par acte en suite des présentes.

ART. 5.

Le siége de la Société est fixé à Paris.

ART. 6.

La raison et la signature sociales seront **RAYMOND ET Cⁱᵉ**. Elles changeront si le Gérant ci-après nommé était remplacé.

La Société sera connue et désignée sous le nom d'*Association nationale agricole-industrielle pour l'extinction de la Mendicité.*

TITRE II.

Fonds Social, — Actions.

ART. 7.

Le capital de l'*Association nationale agricole-industrielle* se compose de cinq éléments distincts, savoir : 1° d'Actions ; 2° d'allocations officielles ; 3° de dons privés ; 4° de rétributions mensuelles ; 5° des produits d'agriculture et d'industrie.

ART. 8.

Deux séries d'Actions sont formées pour créer un capital de 24,000,000 de francs.

La première de 120,000 Actions *au porteur*, de 100 fr. chacune, payable dans le mois de la souscription ;

Et la seconde de 24,000 Actions *nominatives* de 500 fr. chacune, payable par cinquième, de deux mois en deux mois, à dater du premier versement qui devra être fait dans le premier mois de la souscription.

Sur les Actions de cette seconde série, il est dès à présent et définitivement attribué 100 Actions entièrement libérées de tout versement de fonds portant les n°ˢ 1 à 100 à M. l'Abbé Raymond, Directeur-Gérant, en représentation de ses peines, soins et dépenses nombreuses pour arriver à la fondation de l'association.

ART. 9.

Dix mille des Actions nominatives de 500 fr. resteront au registre à souche de la Société et ne pourront être émises en tout ou en partie que sur une délibération de l'Assemblée générale des Actionnaires.

ART. 10.

Les souscripteurs des Actions nominatives pourront verser plusieurs cinquièmes ou même la totalité de leurs Actions par anticipation.

Jusqu'à la constitution définitive de la Société, les fonds provenant des souscriptions d'Actions seront déposés chez le banquier de la Société, et les intérêts produits par ces dépôts appartiendront aux Actionnaires qui auront fait ces versements, proportionnellement aux sommes par eux versées.

ART. 11.

Les titres définitifs d'Actions ne seront délivrés aux Actionnaires que lors du paiement intégral. Ils auront seulement jusqu'à cette époque des promesses d'Actions.

ART. 12.

A défaut de paiement du prix des Actions aux époques fixées, l'intérêt sera dû à partir de ces époques à raison de 5 °/° par an pour chaque jour de retard.

Le numéro de l'Action en retard sera publié à Paris dans l'un des journaux d'annonces légales du département de la Seine, désigné en vertu de la loi du 31 mars 1833.

Quinze jours après cette publication, pour tout délai, sans autre formalité ni mise en demeure, il sera procédé, soit à la Bourse de Paris, par le ministère de tous agents de change ou courtiers, soit en l'étude et par le ministère du notaire de la Compagnie, à la vente de ladite action sur duplicata, pour compte et aux risques de l'actionnaire en retard, sans préjudice de l'action personnelle que la Société pourra exercer contre les retardataires. La Société encaissera le produit de la vente, sauf à en compter avec l'actionnaire.

Les titres d'actions ainsi vendus seront nuls de plein droit ; il en sera délivré de nouveaux aux acquéreurs.

En conséquence, toute action qui ne porterait pas la mention régulière des versements qui auraient dû être opérés cessera d'être admise à la négociation.

Art. 13.

Le capital social sera affecté au paiement du prix d'acquisition des immeubles, aux travaux nécessaires pour leur appropriation, et généralement à tous les besoins et charges de la Société.

Art. 14.

Tout Actionnaire domicilié en France ou à l'étranger devra faire élection de domicile à Paris, et toutes notifications seront valablement faites au domicile par lui élu.

A défaut d'élection de domicile, cette élection aura lieu de plein droit pour la correspondance au siége de la Société, et pour les notifications judiciaires ou extra-judiciaires au parquet de M. le Procureur de la République, près le Tribunal civil de première instance de la Seine, où elles seront valablement faites.

Les domiciles élus, ci-dessus indiqués, entraîneront attribution de juridiction aux tribunaux compétents du département de la Seine et dispenseront de l'observation des délais de distance.

ART. 15.

Les souscripteurs originaires d'actions seront garants de leurs cessionnaires jusqu'à concurrence du versement du montant intégral de leurs actions.

ART. 16.

Les actions ou promesses d'actions seront extraites d'un registre à souche, signées par le Gérant et le Caissier, et porteront le timbre de la Société.

ART. 17.

Les actions nominatives de 500 fr. entièrement soldées pourront être converties en actions au porteur de 100 fr., et ensuite répermutées indéfiniment moyennant un droit de 1 fr. par action au profit de la Société, sans qu'une même personne ait jamais à payer pour chaque conversion plus de 10 fr., quelque soit le nombre des actions converties.

Les actions nominatives pourront être délivrées dans la forme indiquée en l'art. 36 du Code de commerce.

ART. 18.

La cession des actions au porteur s'opère par la tradition du titre ; celle des titres nominatifs s'opère par un transfert signé du cédant et du cessionnaire sur les registres de la Société.

Dans aucun cas, la Société ni le Gérant ne sont responsables de l'identité et de la capacité des parties contractantes.

ART. 19.

En cas de perte d'une action nominative, la Société ne pourra être tenue de délivrer un titre nouveau que moyennant caution, conformément aux dispositions des art. 151, 152 et 155 du Code de commerce, et une année seulement après que le propriétaire en aura fait la déclaration au Gérant et qu'une annonce à cet effet aura été insérée dans un des journaux désignés en l'art. 12 ci-dessus. La caution sera dégagée un an après avoir été acceptée.

La même faculté n'existera pas pour les actions au porteur.

ART. 20.

L'action sera indivisible, relativement à la Société qui ne reconnaît qu'un seul propriétaire pour chaque action ; sauf aux héritiers des Actionnaires décédés ou à tous autres ayant-droits à se régler entre eux à cet égard.

ART. 21.

La possession d'une ou de plusieurs actions entraînera de plein droit adhésion aux présents Statuts.

Les droits et obligations attachés à l'action suivent le titre en quelques mains qu'il passe.

ART. 22.

Les mineurs ou les interdits, les créanciers héritiers ou représentants d'Actionnaires décédés, leurs femmes ou les représentants de celles-ci, ne peuvent s'immiscer dans les affaires de la Société, provoquer ou nécessiter une apposition de scellés et un inventaire ni exercer aucune poursuite sur les biens de la Société ; ils devront, pour l'exercice de leurs droits, s'en rapporter aux inventaires sociaux et aux délibérations de l'Assemblée générale.

TITRE III.

Intérêts, — Dividendes, — Fonds de réserve.

ART. 23.

Chaque année, au 31 décembre, il sera procédé à un inventaire général des bénéfices et charges de la Société, par les soins du Gérant qui sera tenu de remettre aux membres du comité de surveillance, quinze jours au moins avant l'Assemblée générale, une copie exacte de cet inventaire, afin de les mettre à même d'en faire l'examen et de soumettre leurs observations à l'Assemblée.

ART. 24.

Chaque action donne droit jusqu'au remboursement de son capital :

1° A un intérêt de 4 % par an, à prendre sur les bénéfices nets ;

2° A une part proportionnelle jusqu'à concurrence de 2/5^{es}

dans le surplus des bénéfices nets de la Société, sans que ces 2/5ᵉˢ réunis aux 4 °/₀ ci-dessus, puissent donner chaque année aux actionnaires plus de 10 °/₀ au total des bénéfices , l'excédent dans ce cas devant accroître aux 3/5ᵉˢ dont est parlé en l'art. suivant.

L'intérêt se paiera de six en six mois, et le dividende annuellement. Le tout à Paris, au siége social.

ART. 25.

Quant aux trois autres cinquièmes des bénéfices restant, ils seront divisés de la manière suivante :

1° un cinquième sera réparti à titre de gratification ou de secours, par le Directeur-Gérant, entre tous les employés, ouvriers et invalides de chaque institution agricole et industrielle par rang de mérite et suivant leurs besoins, sur l'avis d'une commission spéciale désignée par le Gérant. Le produit de ce cinquième à l'exception de la partie affectée aux secours, sera mis dans une caisse d'épargne établie dans l'œuvre , pour doter ce personnel en propriétés, cheptel ou objets aratoires, ou pour lui assurer une pension de retraite à sa sortie ; le tout aux conditions faites par le Directeur-Gérant, en faveur des familles pauvres incapables de tout travail.

2° Un cinquième sera mis dans une caisse de réserve pour les besoins imprévus de l'Association et pour assurer une pension de retraite aux divers employés de la haute administration ;

3° Enfin le dernier cinquième sera versé dans la caisse de l'Association pour être employé à amortir les actions suivant le mode qui sera établi en Assemblée générale.

ART. 26.

Les actions remboursées par le fait de l'amortissement dont il vient d'être parlé en l'article précédent, prendront le titre d'*actions de jouissance*, et ne donneront droit qu'à une part proportionnelle à leur capital primitif dans le dividende de 2/5ᵉˢ dont est question au N° 2 de l'art. 24, sans avoir droit à l'intérêt de 4 °/₀ mentionné au N° 1ᵉʳ du même article.

Après l'amortissement de toutes les actions, la part de bénéfices à attribuer aux actionnaires sera seulement d'un cinquième.

Le surplus sera réparti :

Pour 2/5ᵉˢ à titre de gratification et de secours aux employés, ouvriers et invalides de l'œuvre, comme il a été dit en l'article précédent.

Et pour les 2/5ᵉˢ restant, à titre de réserve pour les besoins imprévus de l'Association, et pour les pensions de retraite des employés supérieurs.

TITRE IV.

Administration.

ART. 27.

La Société sera administrée par M. l'abbé Raymond, seul Gérant responsable, qui est muni des pouvoirs les plus étendus pour cette administration.

Il a seul la signature sociale, dont il ne peut faire usage que pour les affaires de la Société. Il peut, notamment, souscrire tous effets de commerce, faire tous traités, achats, ventes, échanges, baux, résiliations de baux, négociations, transports, compromis, transactions, transferts de créances, rentes sur l'État et actions de la Banque ou autres, toucher et payer toutes sommes, donner toutes quittances, désistements et main-levées, avec ou sans paiements, nommer et révoquer tous agents et employés, intenter toutes actions au nom de la Société, paraître devant tous tribunaux, sans que l'énonciation qui précède soit en aucune sorte limitative.

Le Gérant établit également les réglements dans l'intérieur de la Société.

ART. 28.

Le Gérant peut se faire aider sous sa responsabilité personnelle et aux frais de la Société, par un ou plusieurs Sous-Directeurs, Inspecteurs, Secrétaires ou autres Employés qui seraient nécessaires. Il a, en outre, le droit de se faire remplacer, si bon lui semble, en cas de maladie ou d'absence, par un mandataire aussi sous sa responsabilité, mais à ses frais.

Il convoque les Assemblées et y a voix délibérative, et est autorisé à créer un journal spécial pour l'association.

ART. 29.

Pendant la durée de ses fonctions, le Gérant a droit à un traitement fixe de 12,000 fr. par an, payable par douzième, indépendamment du logement qui lui sera affecté dans le siége social.

ART. 30.

Le Gérant sera tenu de fournir pour sûreté de sa gestion un cautionnement de 25,000 fr. en actions nominatives de la Société. Ces 25,000 francs seront fournis par M. l'abbé Raymond, sur les 100 actions à lui allouées par l'art. 8.

Les Actions affectées audit cautionnement seront inaliénables de la part du Gérant, pendant la durée de ses fonctions jusqu'après l'apurement de ses comptes. Elles porteront mention de leur inaliénabilité, et seront déposées entre les mains de l'un des membres de la Commission de Surveillance, désigné par elle, pour la garantie de la Société, qui aura sur ces valeurs les droits et priviléges d'un créancier gagiste.

Ce cautionnement n'empêchera pas le titulaire de recevoir les intérêts ou dividendes afférents à ces actions, tant qu'il n'y aura pas lieu, de la part de la Société, à l'exercice des droits à elle conférés sur ledit gage.

Après l'apurement des comptes du Gérant, les titres par lui déposés seront rendus affranchis de toute condition et mention d'inaliénabilité et de nantissement.

Le Directeur-Gérant pourra toujours reprendre les Actions affectées à son cautionnement, pour en disposer librement, en conférant préalablement à la Société un gage équivalent, soit par un dépôt d'une somme de 25,000 francs, soit par une affectation hypothécaire sur biens, de valeur double de cette somme, soit par dépôt d'une inscription de rente sur l'État, de valeur de 25,000 francs, d'après le cours du jour du dépôt. — Le tout avec affectation spéciale desdites valeurs à la garantie de la gestion dont il s'agit, et avec faculté, pour le Gérant, de remplacer lesdites garanties les unes par les autres.

ART. 31.

Le Gérant pourra se démettre de ses fonctions, et dans ce cas, il aura la faculté de nommer son successeur.

En cas de décès du Directeur-Gérant, il sera remplacé provisoirement et jusqu'à admission d'un nouveau Gérant, par une personne désignée, soit par délibération de la Commission de Surveillance, soit à son défaut, par ordonnance du Président du Tribunal civil du siége de la Société sur la requête à lui présentée par la partie la plus diligente, le tout à moins que l'ancien Gérant n'ait nommé son successeur.

Le Gérant ne peut être révoqué que pour cause de malversation ou d'incapacité absolue duement justifiées. Cette révocation doit être prononcée par l'Assemblée générale et sur la demande qui en est faite par délibération extraordinaire de la moitié plus un des membres composant la Commission de Surveillance.

ART. 32.

Dans le cas où il y aurait changement de Directeur-Gérant, il sera de suite procédé à un inventaire spécial de l'actif et du passif de la Société, ainsi qu'à la liquidation de la gestion du Gérant sortant, afin de séparer entièrement cette gestion et la responsabilité en résultant, de celle du nouveau Directeur-Gérant.

Le nom du Directeur-Gérant entrant formera la nouvelle raison sociale.

TITRE V.

Commission de Surveillance.

ART. 33.

Il est établi dans le sein de l'Association une Commission de Surveillance, composée de 9 membres, Actionnaires, nommés et révocables par l'Assemblée générale, et dont les fonctions seront gratuites.

Cette Commission sera renouvelée tous les ans par tiers ; les membres sortant pourront être réélus.

Provisoirement, et jusqu'à la première Assemblée générale, les neuf plus forts Actionnaires de la Société, pris parmi les personnes mâles et majeures, composeront cette Commission.

En cas de vacances de la Commission de Surveillance, dans l'intervalle d'une Assemblée générale à l'autre, ladite Commission demeurera composée des membres restant jusqu'à la prochaine Assemblée.

ART. 34.

La Commission de Surveillance élit un Président, un Vice-Président et un Secrétaire parmi ses membres.

En l'absence du Président et du Vice-Président ou du Secrétaire, la Commission nomme le membre qui le remplace.

ART. 35.

La Commission de Surveillance se réunit aussi souvent que l'intérêt de la Société l'exige, et au moins une fois par mois.

Le Directeur-Gérant sera tenu de fournir à la Commission tous les renseignements qui lui seraient demandés.

Les décisions sont prises à la majorité des membres présents. En cas de partage la voix du Président est prépondérante.

La présence de quatre membres au moins est nécessaire pour valider les délibérations.

Nul ne peut se faire représenter à la Commission de Surveillance.

Les procès-verbaux de ses séances seront inscrits sur un registre spécial signé du Président et du Secrétaire, séance tenante.

Les membres de la Commission auront droit à des jetons de présence, dont la valeur sera déterminée par l'Assemblée générale.

ART. 36.

Ladite Commission exercera la surveillance qui appartient à des commanditaires, et de manière à ne s'immiscer en rien dans la gérance.

Elle pourra en tout temps exiger la communication des registres de la Société, faire toutes les vérifications qu'elle jugera convenables, et se faire rendre tous comptes; le tout au siége de l'Association.

Elle devra veiller à la stricte exécution des statuts de la part de la Gérance, et pourra, dans tous les cas où elle le croirait utile, convoquer l'assemblée générale des actionnaires, comme il sera dit en l'art. 39.

TITRE VI.

Comité consultatif.

ART. 37.

Il y aura un Comité consultatif dont les membres pourront

être pris en dehors des actionnaires , pour aider le Gérant de leurs Conseils , et qui seront choisis par lui. Ils auront droit à des jetons de présence.

Le Gérant pourra choisir dans ce Comité les membres composant le Jury d'examen devant lequel auront à se présenter tous candidats, régisseurs et contre-maîtres ou élèves destinés à être placés dans les institutions agricoles et industrielles.

Il pourra également appeler ce Comité à donner son avis sur la répartition à faire du cinquième de bénéfices, suivant qu'il est dit au N° 1er de l'art. 25.

TITRE VII.

Assemblées Générales.

ART. 38.

L'Assemblée générale régulièrement constituée, représente l'universalité des actionnaires.

Les délibérations par elle prises, conformément aux statuts, obligent la Société toute entière.

ART. 39.

L'Assemblée générale se tiendra de plein droit le premier jeudi du mois de mars de chaque année.

En outre, dans les circonstances graves, des Assemblées générales extraordinaires pourront être convoquées soit par le Directeur-Gérant, soit à son défaut, ou, en cas de son refus, par la Commission de Surveillance, ou par une partie des actionnaires, pourvu que ceux-ci représentent entr'eux 1/10e au moins du capital social.

ART. 40.

Les convocations extraordinaires seront faites par un avis inséré quinze jours au moins à l'avance dans l'un des journaux indiqués en l'art. 12 ci-dessus, et autant que possible par lettres circulaires adressées par le Gérant aux actionnaires qui se seront fait connaître ; ce délai sera réduit à huit jours dans le cas de la seconde convocation prévu en l'art. 45 ci-après.

Les avis des convocations seront en outre insérés dans deux des principaux journaux politiques de Paris, au choix de ceux qui auront provoqué la délibération.

ART. 41.

Pour faire partie des Assemblées, il faut être porteur de trois actions au moins de 500 francs chacune, ou de quinze actions de 100 fr.

Ces titres sont produits au moins cinq jours d'avance et déposés au bureau. Il en est donné décharge.

Tout actionnaire ayant droit de voter à l'Assemblée générale pourra se faire représenter par un mandataire, pourvu que ce mandataire soit lui-même actionnaire et membre de l'Assemblée.

Nul ne pourra être porteur de plus d'un mandat.

ART. 42.

L'Assemblée générale sera présidée par un Actionnaire nommé par elle, à la majorité relative.

Les deux plus forts actionnaires présents rempliront les fonctions de Scrutateurs, et, sur leur refus, les deux plus forts actionnaires après eux, jusqu'à acceptation.

Le bureau désigne le Secrétaire.

Le procès-verbal de l'Assemblée sera signé par le bureau.

Pour connaître les Actionnaires qui assisteront à l'Assemblée générale, tout membre entrant signera une feuille de présence.

ART. 43.

Chaque nombre de trois actions de 500 fr. ou quinze de 100 fr. donne droit à une voix.

Nul ne pourra avoir, pour lui ou son mandataire, plus de cinq voix au total.

ART. 44.

Les délibérations de l'Assemblée générale seront prises à la majorité des voix des membres présents.

Toutefois, quand il s'agira de délibérer sur les objets déterminés au § III de l'art. 45, les membres présents devront réunir trois cinquièmes au moins du fonds social, sauf ce qui va être dit en l'art. 45.

ART. 45.

Dans le cas où sur une première convocation de l'Assemblée les Actionnaires présents ne rempliraient pas les conditions imposées en l'art. 44 pour valider les délibérations, il sera procédé à une seconde convocation dans les formes déterminées à l'art. 40 à quinzaine d'intervalle au moins.

Les délibérations prises par l'Assemblée générale dans cette seconde réunion seront valables quelque soit le chiffre du capital représenté, mais elles ne pourront porter que sur les objets pour lesquels la première convocation avait eu lieu.

ART. 46.

§ I. L'assemblée générale entend le rapport fait par le Directeur-Gérant sur la situation de la Société et celui de la Commission de Surveillance ; elle arrête les comptes du Gérant, fixe les bénéfices, nomme les membres de la Commission de Surveillance à la majorité relative, statue sur le mode d'amortissement des Actions dont est parlé art. 25.

§ II. Elle procède s'il y a lieu, suivant l'art. 31, à la nomination et au remplacement du Gérant.

§ III. Elle délibère et statue sur les modifications ou additions à l'acte de société, sur les emprunts et garanties à conférer, sur l'augmentation du fonds social et l'émission de nouvelles actions, sur la prorogation de la Société ou sur sa dissolution anticipée, en cas de perte de la moitié du Capital social.

§ IV. Enfin, elle délibère sur tous les objets intéressant la Société et qui lui sont soumis comme il va être dit :

Aucune décision, ne pourra être prise que sur la proposition, soit du Directeur-Gérant, soit de la Commission de Surveillance, soit d'un nombre d'actionnaires représentant un dixième, au moins, du Capital social.

En outre, toute décision relative au § 3 ne pourra être prise que dans une Assemblée générale extraordinaire.

Liquidation, — Dissolution, — Arbitrage.

TITRE VIII.

ART. 47.

A l'expiration de la Société, ou dans le cas de dissolution avant le terme fixé, ainsi qu'il est prévu en l'article précédent, la liquidation sera faite par le Directeur-Gérant et deux Membres du Conseil de Surveillance, nommés en Assemblée générale.

Les Liquidateurs auront tous pouvoirs pour vendre les propriétés mobilières et immobililières de la Société, soit à l'amiable, soit par adjudication publique ; ils auront également le droit de faire le transport de toutes rentes sur l'État, actions de la Banque de France et autres effets publics ; ils pourront aussi faire toutes négociations d'effets de portefeuille, céder et transporter toutes créances avant ou après exigibilité, toucher et payer toutes sommes, donner tous désistements ou main-levées, avec ou sans paiement, traiter, composer, transiger, compromettre, faire toutes remises, et ce, même au cas de minorité ou incapacité légale d'un ou plusieurs Actionnaires ou ayant-droit.

L'Assemblée générale pourra, en outre, conférer aux liquidateurs, tels pouvoirs qu'elle jugerait convenable, indépendamment de ceux qu'ils tiendraient, soit de leur seule qualité, soit de la disposition qui précède.

Les comptes de la liquidation seront arrêtés chaque année au 31 décembre.

L'Assemblée générale déterminera, lors de la dissolution, s'il y a lieu, d'allouer aux liquidateurs, une indemnité, et en fixera la quotité.

En cas de décès d'un liquidateur, la liquidation sera continuée par les membres liquidateurs restant, qui s'adjoindront un troisième liquidateur pris parmi les actionnaires, si mieux ils n'aiment le faire nommer par le Président du Tribunal Civil de la Seine, sur simple requête.

ART. 48.

Tout l'actif social, à quelque époque que la dissolution ait lieu, servira d'abord à acquitter le passif de la Société, puis à rembourser aux actionnaires le capital par eux versé qui pourrait leur rester dû.

Le surplus sera attribué jusqu'à concurrence d'un cinquième aux Actionnaires et jusqu'à concurrence de quatre cinquièmes à l'œuvre, pour être répartis par le Directeur-Gérant, comme il est

dit aux n°s 1 et 2 de l'art. 25, ou être par lui employés à la con-
tinuation de l'œuvre, le tout d'après l'avis du Comité consultatif
désigné en l'art. 37.

Le Directeur-Gérant aura la faculté de se rendre acquéreur
pour le compte de l'œuvre, et à prix d'estimation du cinquième
des Actionnaires dans l'actif social dont il vient d'être parlé.

ART. 49.

Toutes contestations entre associés seront jugées à Paris, par
arbitres, d'après le code de commerce.

Dans tous débats avec le Gérant, la Société sera représentée,
devant les arbitres, par la Commission de Surveillance.

Toutes notifications seront faites au domicile élu en l'art. 14.

ART. 50.

Les présentes seront publiées aussitôt la constitution définitive de ladite Société.

Typ. Bénard et Comp., passage du Caire,